AF370283

LE
CIRQUE BOJOLAY,

OU

PLEUVRA-T-IL? NE PLEUVRA-T-IL PAS?

A-propos-Parodie-Vaudeville en un acte,

Par MM. BELFORT, LEPEINTRE et LÉON· jeune, ACTEURS DU THÉATRE FRANÇAIS A BORDEAUX;

Représenté pour la première fois sur le théâtre Français de Bordeaux, le 11 décembre 1820.

Dédié à M. CORTAY-BOJOLAY, ex-Directeur des théâtres de Bordeaux.

Qui soulage le malheureux,
Ne mérite jamais de l'être.
Scène III.

A BORDEAUX,

Chez TEYCHENEY, LIBRAIRE, rue Esprit-des-Lois, N.º 21.

1820.

PERSONNAGES. ACTEURS.

LE DIRECTEUR du Cirque. . . . . *M. LEPEINTRE.*
M. CHARTREUX, Médecin.. . . . . *M. LÉON.*
M. BONISSANT, ancien Apothicaire. . . . *M. BERTIN.*
Mme. Hortense BONISSANT. . . . . *Mme. BELFORT.*
FRÉDÉRIC, jeune étourdi, *(personnage de
 la Somnambule.)*. . . . . *M. BELFORT.*
SAINT-ERNEST, Officier en retraite. . . . *M FOURNIER.*
ÉLISE, Marchande de modes. . . . . . . *Mlle. DEJAZET.*
ANGÉLINA, autre Marchande de modes. . *Mlle. ELISA.*
UN AMATEUR de spectacles. . . . . . . *M. PERROUD.*
UNE CHANTEUSE des rues. . . . . *M. DUCHAUMONT.*
Un joueur d'orgues.
Un Garçon de la porte d'entrée. . . . . . *M. BLANCHARD.*
Un Rôtisseur. . . . . *M. DULUC.*
Un Ecuyer. . . . . *M. BRIOL.*
Le Père noble de la troupe. . . . . *M. HUTINET.*
Promeneurs, Promeneuses, etc.

Le théâtre représente le Cirque Bojolay, jusqu'aux montagnes.

*Vu au ministère de l'intérieur, conformément à la décision
de M. le Directeur général de l'administration départementale
et de la police.*

Paris, le 27 Novembre 1820.

Par ordre de M. le Directeur général:
Signé B. DELANCY.

Bordeaux. Imprimerie de Lavignac, rue Mondenard, n.° 31.

LE CIRQUE BOJOLAY.

SCÈNE PREMIÈRE.

LE DIRECTEUR, Garçons, Écuyers, etc.

LE DIRECTEUR, *regardant le ciel avec une longue-vue.*

Il ne pleuvra pas!.... allons, allons, enfans, encore une belle journée, si j'en crois la renommée de la montagne. Que chacun soit à son poste; que les buralistes reçoivent de bonnes pièces; que les rôtisseurs restent à la broche; que les écuyers décrottent leurs bottes, qu'ils oublient de boire et pansent.... leurs chevaux; que les cabriolets soient graissés, les verres de couleur un peu moins pâles; que mon Talma soit toujours comique, et surtout que les allées soient sablées et parquetées, pour éviter aux promeneurs le désagrément des bains de pieds; que les montagnes soient servies avec célérité: un plaisir de cinquante centimes a besoin d'être senti plusieurs fois pour s'en rendre compte.... Vous m'avez tous entendu, ainsi maintenant à l'ouvrage. C'est aujourd'hui dimanche, voilà l'heure qui s'avance, nous aurons du monde... il ne pleuvra pas!

AIR: *Vaudeville de M. Guillaume.*

Tous les matins, pour bien voir les nuages,
J'ai ma lorgnette aussitôt mon réveil,
Et presque semblable aux sauvages,
Comme eux j'adore le soleil.
  Si, très-long-tems favorisant ma chance,
La pluie a charmé mon aspect,
  Maintenant quelle différence!
L'eau me mettrait à sec.

UN GARÇON.

Mais, Monsieur, il manque du vin vieux.

LE DIRECTEUR.

N'en ai-je pas de l'année dernière?

UN ROTISSEUR.

Mais, Monsieur, il nous manque de la volaille, des canards.

LE DIRECTEUR.

Il va nous en arriver.

UN ÉCUYER.

Mais, Monsieur, nos chevaux boitent.

LE DIRECTEUR.

Vous les ferez courir tout doucement.

UN GARÇON LIMONADIER.

J'ai peur qu'il nous manque du café.

LE DIRECTEUR,

Faites bouillir le marc de la semaine passée.

LE PÈRE NOBLE.

Que voulez-vous au théâtre? une pièce, ou des parades?

LE DIRECTEUR.

Comme à l'ordinaire, dites des bêtises.

LE PÈRE NOBLE.

Vous serez satisfait.

(4)

CHOEUR.

AIR: *connu.*

LES GARÇONS.

Nous sommes très-contens tous
d'être
Avec un aussi bon maître,
Et le travail est bien doux,
Servant un homme comme vous.

LE DIRECTEUR.

De la ville et des campagnes
Pour qu'on vienne ici souvent
Faites aller mes montagnes
Bien rondement.

LES GARÇONS.

Nous sommes très-contens tous
d'être
Avec un aussi bon maître,
Et le travail est bien doux,
Servant un homme comme vous.   *(Ils sortent.)*

SCÈNE II.

LE DIRECTEUR, *seul.*

Ma foi, jusqu'à présent, je ne me repens pas de mon projet;
j'ai le bonheur de posséder la confiance générale, mais ce n'est
pas pour me flatter!

AIR: *Vaudeville de Partie carrée.*

Si j'ai réussi dans ma vie,
C'est grâce à mon activité.
Long-tems j'ai courtisé Thalie,
Je devins son enfant gâté.
Maintenant tout près des campagnes,
J'ai pris cet établissement,
Et j'espère, avec mes montagnes,
M'élever promptement.

SCÈNE III.

LE DIRECTEUR, M. CHARTREUX.

LE DIRECTEUR.

Eh! bon jour, mon cher Chartreux... Eh bien! la santé... les
malades... êtes-vous content?

M. CHARTREUX.

Je n'ai point à me plaindre,.. mais je suis si connu, ma répu-
tation est si grande!

AIR: *Vaudeville de Roquelaure.*

Je crois que dans tous les quartiers,
J'exerce ici mon ministère;
Ce sont toujours les héritiers
Qui viennent m'offrir mon salaire:
Je vais dans toutes les maisons;
J'ai la main vraiment très-heureuse...
Je n'ai qu'un malade aux Chartrons,
Mais beaucoup à la Chartreuse.

LE DIRECTEUR, *souriant.*

Je vous crois sans peine.

(5)

M. CHARTREUX.

Si vous vous trouvez indisposé, vous n'avez qu'à parler.

LE DIRECTEUR.

Bien obligé, je me porte à merveille, et ce n'est par pour moi que je vous ai fait prier de passer ici. Je voudrais vous attacher à mon établissement : ceci n'est que précaution, car maintenant que ma montagne a vingt pieds de plus, il n'y a rien à craindre pour les jambes ; mais j'ai reçu des lettres d'avis de plusieurs personnes très-recommandables, qui sont sorties de chez moi avec des bosses à la tête, témoin le mari de cette marchande de nouveautés... qui elle-même a perdu son schall et son chapeau dans un de mes bosquets... Quant à cela, ça ne me regarde pas ; car vous pensez que s'il me fallait retrouver tout ce que l'on est susceptible de perdre ici.... Voilà donc ce que je voudrais, moyennant la juste rétribution que l'on doit à vos talens... et vous pouvez me traiter en conscience : je désirerais vous avoir ici depuis six heures du soir jusqu'à onze ; vous trouveriez chez moi tout ce qu'il vous faudrait pour les contusions et les foulures... quant aux jambes cassées, cela ne peut jamais arriver.

M. CHARTREUX.

Eh bien, mon cher, voilà qui est convenu : je ferai porter aujourd'hui même mes ustensiles... Je vous reconnais bien à cette aimable précaution ; vous êtes ce que vous avez toujours été et serez toujours, un brave et digne homme.

Air : *Avec vous sous le même toit.*

Vous accueillez la pauvreté,
Le ciel bénira votre vie ;
Et pour servir l'humanité,
Vous courez à chaque incendie.
Aux endroits les plus dangereux
On est sûr de vous voir paraître :
Qui soulage le malheureux,
Ne mérite jamais de l'être.

LE DIRECTEUR.

Mais il ne faut pas dire que je vous ai attaché à mon établissement.

M. CHARTREUX.

Pourquoi donc cela ?

LE DIRECTEUR.

Cette précaution pourrait effrayer le public. S'il arrivait quelque événement, vous vous trouveriez là comme par hasard.

M. CHARTREUX.

Mon cher ami, j'ai toujours été l'ennemi juré du mensonge.

LE DIRECTEUR.

Monsieur Chartreux, ce langage m'étonne dans votre bouche.

Air : *connu.*

Ne faut-il pas toujours mentir,
Puisqu'ici bas tout est mensonge ;
C'est le moyen de s'enrichir :
Parler vrai dans le mal nous plonge :
Du vrai l'on voit que les amis
Ne font pas très-grande recrue ;
Le mensonge est toujours bien mis,
La vérité va toute nue.

M. CHARTREUX.

Pour vous être agréable, il n'est rien que je ne fasse ; mais je vous quitte, et vais donner mes soins à un vieux soldat que d'anciennes blessures tourmentent aujourd'hui.

LE DIRECTEUR.

Allez, partez, mon ami, vous ne pouvez arriver trop tôt.

AIR : *Quand l'ennemi de votre, etc.*

Combien l'on doit trouver de charmes
A consoler ces vieux guerriers !
Et qu'elles sont douces les larmes
Qui rappellent tant de lauriers !
A son pays s'il consacra sa vie,
Ah ! promptement volez à son secours.

M. CHARTREUX.

Que ne puis-je sauver ses jours,
Pour l'honneur de notre patrie.   *(Il sort.)*

SCÈNE IV.

LE DIRECTEUR *seul.*

C'est un brave homme que ce médecin, et c'est un ami de plus que je veux me faire.

(On entend du bruit à la porte.)

BONISSANT , *en dehors.*

Je vous dis que j'entrerai sans billet ; je suis connu ici ; le Directeur est mon ami intime.... tenez , le voilà justement.

SCÈNE V.

LE DIRECTEUR, BONISSANT.

BONISSANT.

Bon jour, mon cher ami. Eh bien ! cette santé, comment va-t-elle ?

LE DIRECTEUR , *surpris.*

Mais, Monsieur, je n'ai pas l'honneur....

BONISSANT.

Comment, vous ne reconnaissez pas Bonissant, ancien apothicaire-pharmacien, votre ancien voisin, demeurant maintenant rue des Canards ?

LE DIRECTEUR.

En effet, je commence à vous remettre.

BONISSANT.

Pardieu ! j'étais étonné que vous m'eussiez oublié... Lorsque vous aviez la direction des théâtres, je ne manquais jamais un spectacle. J'ai toujours beaucoup aimé le spectacle.

LE DIRECTEUR.

Je me rappelle que je vous avais donné vos entrées.

BONISSANT.

Eh bien ! mon ancien voisin, vous me voyez, je viens sans cérémonie, et même sans prendre de carte d'entrée. Mais permettez donc... vous avez une mine de chanoine. Il me parait que l'air est bon à Caudéran ; j'en étais sûr.

LE DIRECTEUR.

Comment ?

BONISSANT.

N'en suis-je pas, moi qui vous parle.

LE DIRECTEUR.

Vous ne m'aviez jamais dit cela?

BONISSANT.

Je l'ai quitté fort jeune, car j'ai beaucoup voyagé. Mais depuis environ trente ans que je suis dans Bordeaux, je ne vous ai pas perdu de vue un seul instant; j'ai toujours eu pour vous beaucoup d'estime et d'amitié.

LE DIRECTEUR.

Je vous remercie, M. Bonissant.

BONISSANT.

Non, c'est la vérité; j'ai pris un sensible intérêt à toutes vos entreprises. Celle-ci est fort agréable.

LE DIRECTEUR.

Mon but a toujours été de plaire au public.

Air: *de la Hullin.*

Formant
Mon établissement,
Je voulais être utile
A la ville,
Procurer à ses habitans
Quelques nouveaux amusemens!..
Les chapeliers, pour leur fête,
Connaissant ma bonne foi,
Ont, comme des gens de tête,
Voulu la faire chez moi.
Presque tous les corps de métiers
Viennent me voir en confiance;
Enfin, Messieurs les perruquiers
Furent traités en financiers:
  D'abord avec élégance
  On leur servit un banquet;
  Il fallait voir, dans leur danse,
  Comme ils frisaient le plancher.
Ils furent de moi très-contens,
Car c'était vraiment un délire,
Et franchement, je dois le dire,
Ces Messieurs sont accommodans.
  Pour faire un repas semblable,
  Les vitriers empressés,

Chez moi se trouvant à table,
N'avaient pas les bras croisés.
Bref, dans mon établissement,
Chaque plaisir est agréable,
Et l'on ne peut un seul moment
Ici regretter son argent.
  C'est surtout sur mes montagnes
  Que j'élève mon espoir;
  De la ville et des campagnes
  Chacun accourt pour les voir.
Oui, cet exercice charmant,
Qu'on traite souvent de folie,
Est bien l'image de la vie,
Et voici mon raisonnement:
  Pour atteindre la richesse,
  Où chacun veut arriver,
  On se tourmente sans cesse,
  Et sans pouvoir s'élever.
    Par ce moyen
    Vous voyez bien
    La ressemblance
    De notre existence;
  Nous montons
  Tant que nous pouvons,
Puis après nous dégringolons.

BONISSANT.

Vous avez bien raison, mon bon ami, et je ne m'étonne plus de la vogue qu'elles ont; j'ai vraiment du plaisir à voir dégringoler, car à mon âge cet exercice ne convient pas.

LE DIRECTEUR.

Et pourquoi donc? parbleu, vous n'êtes pas si vieux.

BONISSANT.

Sans doute, je suis encore frais. Ne suis-je pas venu ici à pied? je me suis dit : ça me donnera de l'appétit; car mon intention était de vous demander à dîner sans façons, absolument sans façons; la soupe, le bouilli, trois plats, la moindre des choses pour le dessert, parce que je me suis douté que vous me feriez boire du bon vin.

LE DIRECTEUR.

Monsieur, soyez le bien venu ; mais je suis bien contrarié....

BONISSANT.

Comment cela ?

LE DIRECTEUR.

C'est que vous êtes venu un peu de bonne heure ; je ne dîne jamais qu'à sept heures.

BONISSANT.

Précisément à l'heure où je soupe ; mais c'est égal, mon cher ami, je vais vous prouver ma complaisance... : vous allez me faire servir à dîner à présent, et à sept heures je vous tiendrai compagnie à dîner... en soupant.

LE DIRECTEUR.

Eh bien ! à la bonne heure.

BONISSANT.

Je vais donc me mettre à table. Vous voyez ce que je fais pour vous ; je vous ai toujours aimé, toujours... A propos, depuis que je ne vous ai vu, je me suis marié....... oui, j'ai épousé la plus jolie petite femme qu'il soit possible de voir, vingt-deux ans, d'un caractère charmant... j'en fais tout ce que je veux, elle ne sort jamais de chez moi sans ma permission... Je l'ai laissée seule à la maison ; à mon âge, on aime à être libre, eh bien ! quand je rentrerai, je suis persuadé qu'elle me comblera de caresses... J'ai bien un jeune cousin qui pourrait m'inquiéter ; mais ma femme est incapable de le recevoir en mon absence.... Ah ça, mon cher, puisque vous voulez absolument que je dîne ici, vous allez manger un morceau avec moi.

LE DIRECTEUR.

Impossible, j'ai beaucoup d'occupations.

BONISSANT.

Sans façons, ne vous gênez pas.

LE DIRECTEUR.

Je vous remercie infiniment (*Il conduit M. Bonissant à la porte du restaurat et dit:*) Garçon, servez à dîner à M. Bonissant comme pour moi... je vais m'assurer si mes ouvriers sont à leur poste.

BONISSANT.

Je ne veux point vous contrarier, faites vos affaires.

(*Bonissant entre dans le restaurat, et le Directeur va visiter son jardin.*)

SCÈNE VI.

FRÉDÉRIC, Mme. HORTENSE BONISSANT.

FRÉDÉRIC à Mme. BONISSANT.

Venez, venez, ma cousine, il faut bien vous distraire, le ménage a sans doute beaucoup de charmes, mais les plaisirs champêtres avant tout ; je suis enchanté de ne point m'être marié pour cela..... Vous savez que j'ai encore manqué un mariage avec Cécile Dormeuil.

Mme. BONISSANT.

Oui, je sais, mon cher Frédéric, que vous aimez à courir de belles en belles.

(9)

FRÉDÉRIC.

Ah! ma cousine, comme vous me jugez!

Air : *du Verre,*

On dit que je suis inconstant,
Ingrat, infidèle et peu sage;
Est-ce ma faute à chaque instant
Si l'on accepte mon hommage.
Quand de mon pétillant amour
A nos belles j'offre l'image,
Si l'on ne cédait tour-à-tour,
Jamais je ne serais volage.

HORTENSE.

Mais, mon cousin, que va dire M. Bonissant, mon mari, s'il ne me retrouve pas à la maison lorsqu'il y rentrera?

FRÉDÉRIC.

Il est vrai que les mœurs se trouvent un peu dans l'embarras... Je vous prends sous ma protection, je réponds de vous.

HORTENSE.

Jolie caution !

Air : *Vers le temple de l'Hymen.*

Que dites-vous, mon cousin?
Ah dieu! quelle extravagance!
Répondre de moi, je pense,
Est un plan bien incertain :
Parcourant mainte campagne,
Visitant chaque montagne,
Avoir château en Espagne,
Vrai, vous passez pour un fou;
Votre caprice est extrême,
Et c'est se perdre soi-même
Que de sortir avec vous.

FRÉDÉRIC.

Mais vous faites très-bien les portraits! il paraît que vous avez une haute opinion de moi.... c'est égal, je ne me fâche pas, ma cousine, et si je n'étais pas votre cousin... mais nous l'avons dit, les mœurs! il ne faut pas badiner là-dessus, le parent Bonissant n'entend pas raillerie.

HORTENSE.

Avouez qu'il faut que je sois bien bonne pour vous écouter avec autant de patience. Vous ne vous corrigerez donc jamais? je vous ai accompagné ici pour tâcher de vous rendre à la raison, s'il est possible : eh bien! déjà vous semblez me faire la cour... Laissez donc en paix les ménages ; ne tourmentez-vous pas assez de jeunes filles ? Je ne doute pas que, dans quelque moment, vous ne retrouviez ici quelques anciennes connaissances.

FRÉDÉRIC.

C'est juste : je me rappelle que la petite Clarice m'a promis de venir aujourd'hui me rejoindre aux montagnes. Il y en a bien d'autres qui ne tarderont pas à paraître aussi ; mais celles-là, par exemple, je n'y tiens pas, je les ai abandonnées.

HORTENSE, *riant.*

Elles sont en effet bien malheureuses. Je conçois que vous devez être susceptible d'un amour bien durable!... Ah ça! je vous quitte, je vous laisse libre un peu, car vous finiriez aussi par m'abandonner. Je vais voir la demoiselle qui tient le comptoir du café ; nous nous connaissons depuis long-tems, et je ne suis pas fâchée d'avoir avec elle un moment d'entretien.

FRÉDÉRIC, la conduisant au café.

Ma cousine, comptez sur ma sagesse.

HORTENSE.

Autant que sur votre amour pour vos belles.

FRÉDÉRIC.

J'irai vous retrouver.

SCÈNE VII.

FRÉDÉRIC seul.

C'est une petite femme charmante, ma cousine ; je sens qu'avec elle je deviendrais plus sage ; encore quelques mois, et je ne serais plus reconnaissable... Que j'ai donc bien fait de ne pas contracter d'hymen ! Vrai, quand je pense aux plaisirs que nous avons nous autres garçons, je me félicite d'avoir encore manqué mon dernier mariage.... c'était le cinquième !... C'est si doux d'être libre.

AIR : du major Palmer.

On vante du mariage
Les plaisirs et le bonheur ;
Mais aussi de l'esclavage
On ne peint pas le malheur.
Croit-on que toutes les femmes
Rendent heureux leurs époux,
Que sous les lois de ces dames,
Sans motifs on soit jaloux :
Quand on a femme coquette
Qui veut suivre le grand ton,
Il lui faut une soubrette,
Force gens dans la maison.
Quand on a femme jolie,
C'est encor nouveau tourment ;
Une affreuse jalousie
Nous agite à chaque instant.
Sous le joug de l'hyménée
On doit craindre quelqu'affront,
Que souvent la destinée
Réserve pour notre front.
Je redoute cet outrage,
Chacun pense à sa façon,
Non, jamais de mariage,
J'aime mieux rester garçon.

SCÈNE VIII.

FRÉDÉRIC, SAINT-ERNEST.

FRÉDÉRIC.

Eh ! voilà Saint-Ernest ! bon jour, mon ami, je suis ravi de te voir ; figure-toi que j'ai amené ici la femme de M. Bonissant, mon cousin ; il est sans doute au café Helvétius à raisonner politique, tandis que nous.... Ah ! conviens que c'est charmant !

SAINT-ERNEST.

Mais, mon cher Frédéric, tu seras donc toujours fou, tu seras donc toujours la désolation des maris !

(11)

FRÉDÉRIC.

Tu vas me faire de la morale! adieu, je vais me faire ramasser; viens-tu avec moi?

SAINT-ERNEST.

Non, mon ami, c'est un plaisir qui ne me charme pas.

FRÉDÉRIC.

Oui, oui, je sais, en France, le militaire n'aime guère à dégringoler.

SAINT-ERNEST.

Air : *Il me faudra quitter l'empire.*

Pensant toujours à sa patrie,
Pensant à ses foyers chéris,
Son cœur est tout à son amie,
Son bras est tout à son pays ·
Aux montagnes de la Russie,
Il sut parvenir assez tôt,
Et le seul plaisir qu'il envie
Est de monter encore à l'assaut.

FRÉDÉRIC.

Eh bien! courons visiter les bosquets.. Connais-tu les bosquets?

SAINT-ERNEST.

Je les trouve divins, mais pas assez ombragés, l'amour a besoin de mystère.

FRÉDÉRIC.

Est-ce que par hasard tu donnerais aussi des rendez-vous, toi qui parle morale?... Conte-moi donc ça?

SAINT-ERNEST.

Sans doute, mon ami ; j'attends ce soir la femme de....

FRÉDÉRIC, *l'interrompant. en montrant le public.*

Chut! (*Ils se parlent à l'oreille.*) Vrai! ah! j'en rirai long-tems, et le pauvre cher homme qui vante partout la vertu de son épouse..! Ah ah!... allons visiter les bosquets.

Air : *Allons réveiller tout le monde.*

Allons promener, et j'espère
Lui voir achever son dessein,
Surtout à force de mystère,
Ne va pas rester en chemin.
Bientôt laissant là ta conquête,
Oui, près de moi tu reviendras,
Si l'amour te fait perdre la tête,
Ici tu la retrouveras.
Allons promener, et j'espère, etc.

SAINT-ERNEST.

Allons promener. Il espère
Me voir achever mon dessein ;
Surtout à force de mystère,
N'allons pas rester en chemin.

(*Ils sortent du côté du jardin.*)

SCÈNE IX.

L'AMATEUR, ELISE.

L'AMATEUR, *introduisant Elise.*

Je n'ai jamais rien entendu d'aussi mélodieux que le clair de lune... Avez-vous vu les *Voitures versées*, Mademoiselle?

ELISE.

Si je les ai vues! jugez vous-même.

Au clair de la lune,
Mon ami Pierrot,
Prête-moi ta plume
Pour écrire un mot.

L'amateur reprend avec Elise le dernier motif.

O lieto momento,
Bel premio d'amor,
Di dolci contento
Mi palpita il cor;
Gia splendor serene
Le stelle nel ciel,
Consola, o mi bene!
Qu'est alma fidel.

Delizie contenti
Promete l'amor,
Ed aspri tormenti
Poi desta nel cor.
Delizie contenti
Promete l'amor,
Ed aspri tormenti
Poi desta nel cor.

L'AMATEUR.

Oh! c'est divin, parole d'honneur! vive Boyeldieu pour la musique, ses moindres accords ont un je ne sais quoi qui invite à une douce mélancolie... je suis fou de tout ce qui inspire la mélancolie: aussi Montano et Stéphanie ont-ils plus d'une fois charmé mes sens.. *(Il fredone)*

Oui c'est demain, demain que l'hymenée, etc.

ELISE.

Mais à propos où est donc Angélina; elle nous a perdus de vue sans doute?

SCÈNE X.

Les mêmes, ANGÉLINA *accourant.*

ANGÉLINA.

Air: *de la Clochette.*

Me voilà *(bis)*
Pour vous que faut-il faire?
Parlez, comment peut-on vous plaire?
Allons, moi sans cérémonie
J'invite à la folie.
Moi sans cérémonie
J'accours près de vous.
Je veux vous prouver mon zèle,
Parlez, de moi que voulez-vous?
Faut-il danser, dégringoler, rouler?
Eh bien! au plaisir toujours fidèle,
Me voilà.

L'AMATEUR.

Il paraît que Mademoiselle a assisté à une représentation de la Clochette.... Eh bien! qu'en dites-vous?

ANGÉLINA.

Les décors sont d'une richesse extrême, mais la musique est pauvre.

L'AMATEUR.

N'est-ce pas ce que l'on voit tous les jours!

Air: *connu.*

Pour faire fortune à présent,
On ne fait plus de comédie;
On cherche un sujet effrayant
Qu'on arrange à sa fantaisie:
Avec des décors pleins d'effets,
Des mots pillés à l'aventure,
Des auteurs jadis très-mauvais

(13)
Obtiennent de brillans succès,
De fameux succès,
Oui de grands succeès...
En peinture.
Je craignais de vous avoir égarée?

ANGÉLINA.

Comment, Monsieur, vous songiez à me perdre, à votre âge!

L'AMATEUR.

Pardon!.. Mais laissons cela: Mademoiselle va donc très-souvent
au spectacle?

ANGÉLINA.

Oh! très-souvent. Est-il rien d'amusant comme le spectacle!

Air: *nouveau.*

Thalie a pour moi bien des charmes,
Et je reconnais son pouvoir;
Souvent au milieu des alarmes
Elle fait renaître l'espoir:
Du monde immortel apanage,
J'adore sa divinité,
Et si c'est le plaisir du sage,
Il fut toujours celui de *la gaieté.*

ELISE.

C'est à ce titre que nos théâtres de Bordeaux sont si fréquentés:
tous les jours nouvelles recettes... que de pièces n'y donne-t-on pas?

Air: *Tout ça passe en même tems.*

J'ai vu l'homme ambitieux
Au temple de Melpomène,
Aux Français, Jean-le-Piteux,
Et Voltaire sur la scène.
J'ai vu la grande coquette;
J'ai vu nos grands conquérans,
Barberousse et la Clochette,
Tout ça marche *(ter)* en même tems.
J'ai vu Poniatowski,
Et le vieux Célibataire;
J'ai déjà vu Kokoli;
J'ai vu le Folliculaire.
Cantatrices enrhumées,
Nos acteurs, gens à talens,
Et les Voitures versées,
Tout ça marche *(ter)* en même tems.

L'AMATEUR.

On donne ce soir au grand théâtre la Vestale, si vous le permettez, Mesdemoiselles, j'aurai l'honneur de vous y conduire.

ANGÉLINA.

Non, Monsieur; puisque vous nous proposez des billets, réservez-
les pour une représentation de la Clochette, j'ai besoin de voir les
décors de plus près.

L'AMATEUR.

Passons donc le reste de la journée ici; c'est un paradis terrestre
que ce jardin: avec l'air embaumé du parfum des fleurs, l'odorat
du restaurat et l'exaltation du café, on respire une autre vie!

ÉLISE, *regardant du coté des bosquets.*

Mais nous ne sommes pas seuls ici, j'aperçois nombreuse compagnie; les amusemens vont bientôt commencer.

SCÈNE XI.

Les mêmes, FRÉDÉRIC, SAINT-ERNEST, Promeneurs, etc.,
ensuite Mme. BONISSANT, LE DIRECTEUR.

CHOEUR.

Air: *du Bouquet du roi.*

Au milieu des jeux, des ris,
La folie a pris sa place,
Et pour la gaîté, la grace,
On se croirait à Paris.

FRÉDÉRIC.

Là, c'est un cirque olympique,
Plus loin c'est un restaurat,
Puis un théâtre magique
Où, dit-on, l'on voit *Talma.*

CHOEUR.

Au milieu des jeux, des ris, etc.

(Pendant le refrein Frédéric a été chercher sa cousine qu'il avait laissée au café. Le Directeur arrive.)

FRÉDÉRIC.

Ma foi, mon cher Directeur, votre établissement est on ne peut pas plus agréable. Je viens ici presque tous les jours, et chaque fois j'y trouve quelque chose de nouveau. J'admire surtout vos montagnes, car, je vous le dirai franchement, je suis fou des descentes en char.

Air: *J'ai tant fait preuve de zèle. (Angéline.)*

Rien de plus plaisant au monde
Que de voir dégringoler
Mainte brune, mainte blonde
Toujours prêtes à glisser.
Dans cet élégant jardin
J'ai commis plus d'un larcin;
L'amour souvent outragé
Souvent de moi s'est vengé.
Plus volage que ce traître,
Je courais de toutes parts,
Et toujours prêt à paraître,
Je montrais mes étendards.
A cette vue Héléna,
Que j'abandonnais déjà,
Désirant me ramener,
Employait tout pour charmer;
Mais je ne sais quel caprice
Me fait par fois détester
Et Virginie et Clarice
Que je devrais adorer.
Enfin je veux des amours
Interrompre un peu le cours,
Seul je veux dégringoler,
Descendre en char et glisser.
Je vois, dans ma promenade,
Un étranger gros bouffi,
Qui montait à l'escalade;
Je voulais deviner qui:

Arrivé droit au chemin,
Je m'arrête et vois soudain,
C'était un milord anglais
Que nous roulait un français.
Rien de plus plaisant au monde
Que de voir dégringoler;
Étrangers tous à la ronde
Chez nous se font ramasser.

SCÈNE XII.

Les mêmes, un GARÇON, ensuite UN JOUEUR D'ORGUES et UNE CHANTEUSE des rues.

LE GARÇON, *au Directeur.*

Monsieur, il y a là un joueur d'orgues et une chanteuse qui vous demandent la permission de venir faire une quête ici.

LE DIRECTEUR.

Faites-les entrer, mon ami, ma porte est ouverte à tous les malheureux.

FRÉDÉRIC.

Parbleu, mon cher Directeur, ils pourront nous divertir *(à Saint-Ernest.)* As-tu entendu la romance d'Alidor, toi?

SAINT-ERNEST.

Non.

FRÉDÉRIC.

Eh bien! tu vas juger l'effet.

LA CHANTEUSE.

Air: *du Chaperon, avec accompagnement d'orgues.*

« Le noble éclat du diadème
« N'a point encor séduit mon cœur,
« Et sur le front de ce que j'aime
« Je n'ai trouvé que la candeur;
« Seize printems forment son âge,
« Et pour mieux embellir sa cour,
« Elle reçut de ce village
« Le doux nom de rose d'amour.

CHOEUR.

Air: *des gardes-marine.*

C'est charmant *(bis)*
Oui vraiment inconcevable,
C'est charmant *(bis)*
Ah! sa voix est admirable!
Dans le malheur qui l'accable
Vit-on rien de plus aimable,
Et du chaperon les chants
Viennent égayer nos sens.

LA CHANTEUSE.

« Simple et naïve bergerette,
« Elle règne dans ce vallon;
« Elle a pour sceptre une houlette
« Et pour couronne un chaperon.
« A ses vertus tout rend hommage,
« Quelques bergers forment sa cour,

« Et tout bénit dans ce village
« Le doux nom de rose d'amour.

CHOEUR.

C'est charmant *(bis)*
Oui vraiment inconcevable, etc.

(Pendant le chœur la chanteuse fait la quête et sort ensuite avec le joueur d'orgues.)

SCÈNE XIII ET DERNIÈRE.

LES MÊMES, M. BONISSANT, *sortant du restaurat la serviette à la main.*

M. BONISSANT.

Eh bien, qu'est-ce que c'est? tous les jeux sont commencés, l'on danse, l'on rit, et l'on ne m'avertit pas! c'est mal ça, c'est très-mal... *(Apercevant sa femme)* Ciel! que vois-je? ma femme!

TOUT LE MONDE.

Sa femme!

BONISSANT.

Comment, Madame, vous sortez de chez vous sans ma permission!

FRÉDÉRIC.

Rassurez-vous, mon cher parent, elle est avec moi.

BONISSANT.

Pas de mauvaise plaisanterie, Monsieur; je ne sais qui me tient.... *(à part)* Il est bien heureux d'être mon cousin!

VAUDEVILLE.

Air: *des Bolivars et Morillos.*

LE DIRECTEUR.

Je cherche un auteur malin
Rempli de finesses,
Pour faire à mon arlequin
Quelques bonnes pièces.

FRÉDÉRIC

Au premier signe, à jamais
Sûr de la victoire
Voyez le soldat français
Voler à la gloire.

L'AMATEUR.

Quand je vois faire des sauts
En tournant sans cesse,
Je trouve que les chevaux
Ont beaucoup d'adresse.

SAINT-ERNEST.

Remarquez nos jeunes fous,
Qui, dans leur voyage,
Pour la somme de cinq sous
Ont un équipage.

ELISE.

On dit, certain et le fait
Qu'une renommée,

Nous publia qu'elle avait
La jambe cassée.

UN PROMENEUR.

D'un grand opéra le chant
Toujours nous abuse,
Si l'on bâille en l'écoutant,
On croit qu'on s'amuse.

FRÉDÉRIC.

Chez nos belles à présent
Admirant leurs grâces,
On voit un singe charmant
Qui fait des grimaces.

BONISSANT.

Aux mélodrames bruyans,
Vrai, tout m'inquiète,
J'y veux voir des changemens
Comme à la Clochette.

ANGÉLINA *au public.*

Pour faire dégringoler
Souvent vos compagnes,
Messieurs, n'allez pas crier
A bas les Montagnes.

FIN.

www.ingramcontent.com/pod-product-compliance
Lightning Source LLC
LaVergne TN
LVHW010820180726
843502LV00009B/3452